ORAÇÕES AO

Espírito Santo

Antônio Francisco Bohn

ORAÇÕES AO

Espírito Santo

Petrópolis

© 1961, 2015, Editora Vozes Ltda.
Rua Frei Luís, 100
25689-900 Petrópolis, RJ
www.vozes.com.br
Brasil

4ª edição, 2015.
3ª reimpressão, 2025.

Todos os direitos reservados. Nenhuma parte desta obra poderá
ser reproduzida ou transmitida por qualquer forma e/ou quaisquer
meios (eletrônico ou mecânico, incluindo fotocópia e gravação)
ou arquivada em qualquer sistema ou banco de dados sem
permissão escrita da editora.

CONSELHO EDITORIAL

Diretor
Volney J. Berkenbrock

Editores
Aline dos Santos Carneiro
Edrian Josué Pasini
Marilac Loraine Oleniki
Welder Lancieri Marchini

Conselheiros
Elói Dionísio Piva
Francisco Morás
Teobaldo Heidemann
Thiago Alexandre Hayakawa

Secretário executivo
Leonardo A.R.T. dos Santos

PRODUÇÃO EDITORIAL

Anna Catharina Miranda
Eric Parrot
Jailson Scota
Marcelo Telles
Mirela de Oliveira
Natália França
Priscilla A.F. Alves
Rafael de Oliveira
Samuel Rezende
Verônica M. Guedes

Editoração: Fernando Sergio Olivetti da Rocha.
Diagramação: AG.SR Desenv. Gráfico
Capa: Omar Santos

ISBN 978-85-326-4140-3

Este livro foi composto e impresso pela Editora Vozes Ltda.

Sumário

Introdução, 9

1 Ao Espírito Santo pela unidade, 11

2 Ato de consagração ao Espírito Santo, 12

3 Clamando pelo Espírito Santo, 13

4 Consagração ao Espírito Santo, 14

5 Deus Espírito Santo, 16

6 Divino Consolador, 17

7 Entregar-se ao Espírito do Senhor, 18

8 Espírito Santo, amor do Pai e do Filho, 19

9 Espírito Santo de Amor, 20

10 Espírito Santo, Deus de Amor, 21

11 Espírito Santo, renova em mim, 22

12 Governado pelo Espírito, 23

13 Guiado pelo Espírito, 24

14 Hino ao Divino Espírito Santo, 25

15 Invocação ao Espírito Santo, 27

16 Ladainha do Divino Espírito Santo, 29

17 Novena ao Espírito Santo, 32

18 Ó Espírito Santo (I), 34
19 Ó Espírito Santo (II), 35
20 O Espírito santifica a Igreja, 37
21 O Espírito vê os corações, 38
22 Oração ao Divino Espírito Santo, 39
23 Oração ao Espírito Santo, 40
24 Para alcançar os frutos do Espírito Santo, 41
25 Para pedir os dons do Espírito Santo (I), 43
26 Para pedir os dons do Espírito Santo (II), 44
27 Para pedir os dons do Espírito Santo (III), 46
28 Para pedir os dons do Espírito Santo (IV), 47
29 Para pedir os dons do Espírito Santo (V), 49
30 Para pedir os frutos do Espírito Santo (VI), 51
31 Pela luz do Espírito Santo, 52
32 Prece ao Espírito Santo, 53
33 Que teu Espírito, Senhor, 55
34 Renascido pelo Espírito, 56
35 Restaurado pelo Espírito, 57
36 Reveste-me, Senhor, 58
37 Santidade e unidade pelo Espírito, 59
38 Santo Espírito do Senhor (I), 60
39 Santo Espírito do Senhor (II), 62
40 Santo Espírito do Senhor (III), 64
41 Santo Espírito do Senhor (IV), 66

42 Senhor, infunde teu Espírito, 68
43 Súplica ao Espírito Santo, 70
44 Vem, Espírito Criador, 71
45 Vem, Espírito Santo (I), 72
46 Vem, Santo Espírito (II), 73
47 Vinde, Espírito Santo, 75
Referências, 77

Introdução

"Espírito Santo", este é o nome próprio daquele que adoramos e glorificamos com o Pai e o Filho. Ao anunciar e prometer a vinda do Espírito Santo, Jesus o denomina "Paráclito", e "Advogado" (Jo 14,16.26). "Paráclito" é habitualmente traduzido por "Consolador", sendo Jesus o primeiro consolador. O próprio Senhor chama o Espírito Santo de "Espírito de Verdade" (Jo 16,13).

Além do seu nome próprio empregado nos Atos dos Apóstolos e nas epístolas, encontramos em São Paulo as denominações: o Espírito da Promessa (Gl 3,14; Ef 1,13), o Espírito de Adoção (Rm 8,15; Gl 4,6), o Espírito de Cristo (Rm 8,11), o Espírito do Senhor (2Cor 3,17), o Espírito de Deus (Rm 8,9.14; 1Cor 6,11) e, em São Pedro, o Espírito de Glória (1Pd 4,14).

"O que está em Deus ninguém o conhece senão o Espírito de Deus" (1Cor 2,11)."Ninguém pode dizer: Jesus é Senhor" a não ser no Espírito Santo" (1Cor 12,3). Este conhecimento de fé só é possível no Espírito Santo.

A exemplo dos apóstolos e discípulos que, com Maria, a Mãe de Jesus, perseveravam em oração, aguardando o Espírito prometido pelo Senhor, perseverantes na oração, também nós, peçamos ao Espírito do Senhor para que seja nosso Consolador.

Pela oração, meditemos sobre as grandes maravilhas que Deus realizou em favor de todos pelo seu Espírito e rezemos, para que mesmo o Espírito Santo, enviado pelo Pai como primícias aos que creem, leve à plenitude a sua obra neste mundo.

1
Ao Espírito Santo pela unidade

Santo Espírito,
que animas e fortaleces todas as coisas,
peço-te forças para acolher a fraternidade,
cultivar o diálogo afetuoso,
construir o amor fraterno,
buscar a justiça e a paz,
praticar a misericórdia,
buscar o respeito, a reconciliação e o diálogo,
criar laços de boa convivência,
ter um coração aberto,
gerar a comunhão e participação,
converter o coração,
oferecer louvores e súplicas em favor da unidade visível,
praticar o mandamento do amor,
e respeitar a unidade na diversidade.
Assim seja.

2
Ato de consagração ao Espírito Santo

Santo Espírito do Senhor,
consagro-te toda a minha vida,
vontade, inteligência, memória.
Por caminhos seguros seja conduzido,
com segurança e sabedoria, guiado.
Todo meu ser seja restaurado,
as forças enfraquecidas, reanimadas.
Teus dons em mim sejam frutuosos,
os frutos da tua graça, santificados.
Todo o meu viver seja restaurado,
e do teu amor seja merecedor.
Amém.

3

Clamando pelo Espírito Santo

Deus misericordioso e clemente,
conheces o meu coração e a minha vontade,
purifica os meus pensamentos,
para que possa servir-te com bondade.
Inflamai o meu coração de zelo,
para que te agradeça de coração purificado.
Que teu Espírito ilumine meu entendimento
e me leve a conhecer sempre mais a verdade.
Que me auxilie o poder do teu Espírito,
e me defenda dos perigos em toda parte.
Amém.

4

Consagração ao Espírito Santo

Ó Espírito Santo, Deus da luz,
da força e do amor;
que estais presente, agindo na história
e em cada um de nós.
A ti consagro todo meu ser,
comprometendo-me com a verdade e a vida.
Confirmai-me na confiança em ti,
na abertura aos irmãos e na autenticidade
em viver o Evangelho de Jesus Cristo.
Confiante coloco-me sob a tua ação,
com tudo o que sou e tenho.
Entrego-te capacidades e talentos,
e todo o meu ser em sua fragilidade humana.
Penetrai-me ó Espírito de Amor;
e transformai-me em testemunha de Cristo,
comprometido com a construção

de seu Reino de Justiça, Fraternidade e Paz.
Ó Espírito Santo, força evangelizadora
e guia da Igreja, revitalizai e revigorai
a fé de todo cristão,
para que assim os povos todos
possam experimentar o Amor do Pai
e a felicidade de sermos irmãos e irmãs;
em Jesus Cristo.
Amém.

5
Deus Espírito Santo

Deus Espírito Santo,
que eu receba a graça dos sete dons:
o da inteligência, da ciência, do conselho,
da fortaleza e sabedoria, piedade e temor.
Para tudo crer, tudo esperar,
para tudo cumprir, em ti confiar.
Infunde teu amor em meu coração,
Peço-te ser merecedor da tua proteção.
Aceita-me como oferenda agradável,
teu olhar sobre mim seja sempre favorável.
Amém.

6
Divino Consolador

Divino Consolador:
aclara minhas incertezas,
acalma minhas angústias.
Alimenta minhas esperanças,
acompanha minha vida.
Apazigua minhas tribulações,
ampara minhas provações.
Socorra minhas aflições,
alivie minhas dores.
Governa meus caminhos,
conduza meus destinos.
Confirma meus propósitos,
orienta meus planos.
Ilumina minhas dúvidas,
atenda meus pedidos.
Amém.

7

Entregar-se ao Espírito do Senhor

Espírito de Cristo, fortaleça-me.
Espírito do Senhor, cura-me.
Espírito de Cristo, erga-me.
Espírito do Senhor, defenda-me.
Espírito de Cristo, guarda-me.
Espírito do Senhor, purifica-me.
Espírito de Cristo, conforta-me.
Espírito do Senhor, sustenta-me.
Espírito de Cristo, consola-me.
Espírito do Senhor, santifica-me.
Amém.

8

Espírito Santo, amor do Pai e do Filho

Espírito Santo, amor do Pai e do Filho,
és autor da graça, és auxílio na nossa
fraqueza,
és libertação e socorro,
pois derramas sempre os teus dons.
Concede-me seguir o caminho do amor,
para aceitar a vontade de Deus,
para discernir o bem do mal,
para ter coragem e paciência,
para não desanimar,
para reconhecer a Deus como Pai,
para cumprir sua santa vontade.
Enche-me de caridade e alegria,
de paz e bondade, de generosidade e
mansidão,
de modéstia e moderação.
Amém.

9
Espírito Santo de Amor

Espírito Santo de Amor, vem me confortar.
Pai dos Pobres, vem habitar em mim.
Luz Divina, vem clarear meus propósitos.
Paz da Alma, vem me acalmar.
Divina Água, vem me renovar.
Divina Chama, vem me purificar.
Grande Remédio, vem me curar.
Divina Graça, vem me elevar.
Divino Sopro, vem me inspirar.
Fogo Celeste, vem me abrasar.
Divino Amor, vem me acalentar.
Óleo Santo, vem me fortificar.
Forte Vento, vem me transformar.
Perfeita Concórdia, vem me reconciliar.
Poderoso Guia, vem me orientar.
Alma da Igreja, vem me governar.
Amor de Cristo, vem me santificar.
Assim seja.

10
Espírito Santo, Deus de Amor

Espírito Santo, Deus de Amor,
Concede-me uma inteligência que te conheça;
uma angústia que te procure;
uma sabedoria que te encontre;
uma vida que te agrade;
uma perseverança que, enfim, te possua.
Amém.

Santo Tomás de Aquino

11
Espírito Santo, renova em mim

Espírito Santo,
renova em mim a chama do teu amor.
Enche-me de fé,
liberta-me das minhas inseguranças.
Transforma-me em nova criatura,
santifica todo meu ser,
Renova minha mente,
ouvidos, olhos, lábios, emoções e atos.
Conceda-me teus dons
para que eu possa servir o Reino de Deus,
amando a todos.
Derrama o dom do louvor
para que, em tudo e por tudo,
glorifique o Senhor Nosso Deus.
Amém.

12
Governado pelo Espírito

Bondoso Deus,
que governas a todos pelo teu Espírito
e nos salvas pela tua proteção,
estende a tua misericórdia
e atende, generoso, às súplicas que faço,
para que a fé que em ti deposito,
seja sustentada pelos teus benefícios.
Amém.

13
Guiado pelo Espírito

Senhor,
que eu seja sempre guiado
pelo mesmo Espírito Santo que, de modo admirável,
foi derramado nos apóstolos,
para que acolha com alegria
o mandamento supremo do teu amor.
Amém.

14

Hino ao Divino Espírito Santo

Santo Espírito do Senhor, ajuda-me:
anunciar sem medo a Palavra (Fl 1,14),
amar os outros com ardor e de coração
sincero (1Pd 1,22),
conservar a fé autêntica (Jd 1,3),
ensinar a sã doutrina (Tt 2,1),
exercitar-me na piedade (1Tm 4,7),
fortalecer o coração pela graça (Hb 13,9),
manter a mansidão (2Tm 2,24),
manter a serenidade (Tg 4,12),
manter a perseverança (Tg 1,4),
manter o respeito e a consciência limpa
(1Pd 3,16),
manter a paz e a misericórdia (Gl 6,16),
manifestar a fé em atos concretos (Tg 2,17),
pedir tudo com confiança (1Jo 5,15),
pedir tudo com fé (Tg 1,6),

perseverar no amor fraterno (Hb 13,1),
praticar a hospitalidade (Hb 13,2),
praticar o amor (1Jo 3,11),
praticar a misericórdia (Tg 2,13),
praticar o bem e buscar a paz (1Pd 3,11),
ser obediente à verdade (1Pd 1,22),
Amém.

15
Invocação ao Espírito Santo

Vinde, Santo Espírito, vinde, Amor ardente;
acendei na terra tua luz fulgente.
Vinde, Pai dos Pobres, na dor, na aflição,
vinde encher de alegria o nosso coração.
Benfeitor supremo em todo o momento,
habitando em nós sois o nosso alento.
Descanso na luta e na paz encanto.
No calor sois brisa, conforto no pranto!
Luz de santidade que nos céus ardeis,
abrasai os corações dos vossos fiéis.
Sem a vossa força e favor clemente,
nada há no ser humano que seja inocente.
Apagai as manchas, a aridez regai.
Sarai o enfermo e a todos salvai!
Abrandai durezas para os caminhantes,
animai os tristes, guiai os errantes!

Concedei a todos os vossos sete dons,
pois eterna fonte são de todo bem!
Ajudai na vida, amparai na morte.
Dai no céu a glória eterna.
Amém.

16
Ladainha do Divino Espírito Santo

Senhor, tende compaixão de nós.

Jesus Cristo, tende compaixão de nós.

Senhor, tende compaixão de nós.

Pai onipotente e eterno, tende compaixão de nós.

Jesus, Filho eterno do Pai e redentor do mundo, salvai-nos.

Espírito do Pai e do Filho, amor eterno de um e de outro, santificai-nos.

Trindade santa, que procedeis do Pai e do Filho, vinde a nós.

Divino Espírito, igual ao Pai e ao Filho, vinde a nós.

A mais terna e generosa promessa do Pai, vinde a nós.

Dom de Deus Altíssimo, vinde a nós.

Raio de luz celeste, vinde a nós.

Autor de todo bem, vinde a nós.

Fonte de água viva, vinde a nós.

Fogo consumidor, vinde a nós.

Unção espiritual, vinde a nós.

Espírito de amor e verdade, vinde a nós.

Espírito de sabedoria e inteligência, vinde a nós.

Espírito de conselho e fortaleza, vinde a nós.

Espírito de ciência e piedade, vinde a nós.

Espírito de temor ao Senhor, vinde a nós.

Espírito de graça e oração, vinde a nós.

Espírito de paz e doçura, vinde a nós.

Espírito de modéstia e pureza, vinde a nós.

Espírito consolador, vinde a nós.

Espírito santificador, vinde a nós.

Espírito que governais a Igreja, vinde a nós.

Espírito Santo, atendei-nos.

Vinde renovar a face da terra.

Derramai a vossa luz no nosso espírito.

Gravai a vossa lei no nosso coração.

Abrasai o nosso coração no fogo do vosso amor.

Abri-nos tesouro das vossas graças.

Ensinai-nos como quereis que a peçamos.

Iluminai-nos pelas vossas celestes inspirações.

Concedei-nos a ciência que é a única necessária.

Formai-nos na prática do bem.

Dai-nos os merecimentos das vossas virtudes.

Fazei-nos perseverar na justiça.

Sede Vós a recompensa eterna.

Cordeiro de Deus, que tirais os pecados do mundo,

enviai-nos o Divino Consolador.

17
Novena ao Espírito Santo

Vem, Espírito Santo, Espírito de Sabedoria,
teu ímpeto derruba o que é poderoso e eleva
o que é humilde.
Vem, Espírito Santo, Espírito de Inteligência,
somente em ti os mistérios divinos são
percebidos.
Vem, Espírito Santo, Espírito de Conselho,
em ti é revelada a vontade do Senhor.
Vem, Espírito Santo, Espírito de Fortaleza,
em tua força encontramos a coragem para
testemunhar a Cristo.
Vem, Espírito Santo, Espírito da Ciência,
na criação o teu poder é reconhecido; na
revelação, a tua sabedoria; na redenção, o teu
amor.
Vem, Espírito Santo, Espírito de Piedade,
só por ti conhecemos o caminho para o qual
somos chamados.

Vem, Espírito Santo, Espírito do Temor de Deus,
em tua graça os pecados são perdoados e a santidade divina é alcançada.
Amém.

18
Ó Espírito Santo (I)

Ó Espírito Santo,
amor do Pai e do Filho,
inspirai-me sempre,
o que devo pensar,
o que devo dizer,
o que devo calar,
o que devo escrever,
como devo agir,
o que devo fazer,
para obter vossa glória,
o bem das almas
e minha própria santificação.
Assim seja.

Cardeal Mercier

19
Ó Espírito Santo (II)

Ó Espírito Santo, dai-me um coração grande.
Aberto à vossa silenciosa e forte palavra inspiradora,
fechado a todas as ambições mesquinhas.
Alheio a qualquer desprezível competição humana,
compenetrado do sentido da santa Igreja!
Um coração grande,
desejoso de tornar-se semelhante
ao Coração do Senhor Jesus.
Um coração grande e forte,
para amar a todos,
para servir a todos,
para sofrer por todos.
Um coração grande e forte
para superar todas as provações,
todo tédio, todo cansaço,
toda desilusão, toda ofensa.

Um coração grande e forte,
constante até o sacrifício,
quando for necessário!
Um coração cuja felicidade,
é palpitar com o Coração de Cristo
e cumprir humilde, fiel e fortemente
a vontade do Pai.
Amém.

Papa Paulo VI

20
O Espírito santifica a Igreja

Ó Deus,
santificas a tua Igreja inteira,
em todos os povos e nações.
Derrama por toda a extensão do mundo
os dons do Espírito Santo,
e realiza agora no coração
de cada um de nós as maravilhas operadas
no início da pregação do Evangelho.
Amém.

21
O Espírito vê os corações

Ó Pai,
que olhas o íntimo dos corações,
conheces todas as vontades,
e penetras todo segredo,
purifica pelo Espírito Santo
os meus sentimentos, para que meu amor
seja perfeito e digno o louvor que te ofereço.
Amém.

22
Oração ao Divino Espírito Santo

Ó Espírito Santo, eu vos adoro.
Esclarece-me, guia-me, fortifica-me,
consola-me, ensina-me o que devo fazer.
Prometo fazer tudo o que depende de mim,
para aceitar sempre a tua vontade.
Ensinai-me a conhecê-la.
Amém.

23
Oração ao Espírito Santo

Espírito Santo,
ilumina meus caminhos,
para que alcance meu ideal.
Derrama sobre mim teu dom divino,
para perdoar e esquecer o mal praticado.
Agradeço por todas as coisas,
e de ti jamais quero separar-me.
Quero cumprir meus compromissos,
para merecer a glória perpétua
na tua companhia e na de meus irmãos.
Amém.

24

Para alcançar os frutos do Espírito Santo

Espírito Santo, concede-me teus frutos:
o fruto da caridade,
que me torna transbordante de amor.
O fruto da alegria,
que me traz a segurança de possuir a Deus.
O fruto da paz,
que produz em mim a tranquilidade da
alma.
O fruto da paciência,
que me faz sofrer tudo por amor de Jesus e
Maria.
O fruto da benignidade,
que me faz socorrer as necessidades do próximo.
O fruto da bondade,
que me torna bondoso e compreensivo com
todos.
O fruto da longanimidade,

que me faz esperar com paciência as graças.
O fruto da mansidão,
que me faz suportar com mansidão as contrariedades.
O fruto da fé,
que me faz crer na Palavra de Deus.
O fruto da modéstia,
que disciplina todo o meu exterior.
Os frutos da continência e da castidade,
que conservam puro todo o meu ser.
Amém.

25

Para pedir os dons do Espírito Santo (I)

Para que eu tenha sempre uma fé viva,
peço o dom da sabedoria.
Para seguir sempre o caminho de Deus,
peço o dom do entendimento.
Para aceitar sempre o plano de Deus,
peço o dom da ciência.
Para crescer sempre no diálogo,
peço o dom do conselho.
Para ter sempre coragem nas lutas,
peço o dom da fortaleza.
Para produzir sempre bons frutos,
peço o dom da piedade.
Para reconhecer a Deus como Pai,
peço o temor de Deus.
Assim seja.

26

Para pedir os dons do Espírito Santo (II)

Concedei-me o dom da sabedoria,
para apreciar as realidades eternas e
viver abrasado no fogo do teu amor.
Concedei-me o dom da inteligência,
para viver iluminado pela luz da graça,
vivendo as verdades da fé e da salvação.
Concedei-me o dom do conselho,
para escolher o que mais vos agrada,
seguindo em tudo tua divina graça.
Concedei-me o dom da fortaleza,
para praticar todas as virtudes,
suportando dificuldades e perseguições.
Concedei-me o dom da ciência,
para conhecer a beleza da virtude e vivência
da fé,
percebendo as ciladas do mal e evitando-as.

Concedei-me o dom da piedade
para perseverar na oração
dedicando-me a ela com grande amor.
Concedei-me o dom do santo temor,
para recordar com grande reverência e respeito,
buscando a tua divina presença.
Assim seja.

27

Para pedir os dons do Espírito Santo (III)

Vem, Espírito Santo,
vem, Pai dos pobres, luz dos corações.
Grande defensor, luz venturosa.
Grande poder, poderoso auxílio.
Santa virtude, eterna alegria.
Grande sabedoria, com o dom do
entendimento.
Divina ciência, com o dom do conselho.
Sede de fortaleza, com o dom da piedade.
Temor de Deus, ardorosa ternura.
Amém.

28
Para pedir os dons do Espírito Santo (IV)

Peço-te, Senhor, a sabedoria, para fazer a tua
vontade,
vivendo na paz e harmonia, buscando
somente a verdade.
Peço-te, Senhor, o entendimento, a
compreensão da vivência cristã,
para juntar os meus talentos, construindo
um novo amanhã.
Peço-te, Senhor, a ciência, em minha mente
coloca tua luz,
para entender o amor e a providência, que
tudo rege, preserva e conduz.
Peço-te, Senhor, o teu conselho, e seja a
verdade melhor compreendida,
para buscar na tua Palavra, a mensagem de
amor e de vida.

Peço-te, Senhor, a fortaleza, que me conserva no teu caminho,
para sustentar minha fraqueza, transformando o meu destino.

Peço-te, Senhor, a santa piedade, para aprender a te invocar,
os que confiam na tua bondade, no Reino eterno terão lugar.

Peço-te, Senhor, o dom do temor, que me conduz ao respeito por ti, que desde sempre pusestes em mim.

Amém.

29
Para pedir os dons do Espírito Santo (V)

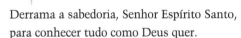

Derrama a sabedoria, Senhor Espírito Santo,
para conhecer tudo como Deus quer.
Derrama o entendimento, Senhor Espírito Santo,
que tudo ajuda a compreender.
Derrama a divina ciência, Senhor Espírito Santo,
para compreender tua vontade.
Derrama o teu conselho, Senhor Espírito Santo,
que me faz sábio para guiar.
Derrama a fortaleza, Senhor Espírito Santo,
a santa força do coração.
Derrama a filial piedade, Senhor Espírito Santo,
a doce forma de sempre amar.

Derrama o temor do Pai, Senhor Espírito
Santo,
para amá-lo como convém.
Amém.

30

Para pedir os frutos do Espírito Santo (VI)

Espírito Santo, amor do Pai e do Filho,
sou templo, tua habitação e morada,
concede-me os frutos do amor,
da alegria e da paz,
da paciência e da bondade,
da benevolência, da fé e mansidão,
bem como o domínio de mim mesmo.
Amém.

31
Pela luz do Espírito Santo

Senhor Deus,
pela luz do Espírito Santo,
sondas o coração dos fiéis.
Que eu seja dócil ao mesmo Espírito,
para apreciar o que é justo
e alegrar-me sempre com a sua presença.
Amém.

32

Prece ao Espírito Santo

Vem, Espírito Santo!
Toma meu corpo como templo,
vem e fica sempre comigo.
Com toda a minha alma,
com todas as minhas forças,
consagro-te todas as faculdades
de minha alma e de meu corpo.
Domina todas as minhas paixões,
emoções e sentimentos.
Recebe a minha inteligência
minha vontade e memória.
Ó Espírito Santo de amor,
dá-me rica medida de tua graça eficaz.
Dá-me a plenitude de todas as virtudes,
aumenta-me a fé,
fortalece minha esperança,
aumenta-me a confiança
e inflama meu amor.

Concede-me os teus sete dons,
teus frutos e bem-aventuranças.
Santíssima Trindade,
que minha alma seja teu templo.
Amém.

Papa Pio XII

33
Que teu Espírito, Senhor

Senhor,
que o teu Espírito me conforte,
transforme e me dê a alegria
da verdadeira fraternidade,
a virtude do generoso serviço.
Bendigo o teu nome,
pelos dons da criação,
pelo Espírito que habita
dentro de meu coração.
Assim seja.

34
Renascido pelo Espírito

Ó Deus,
que me fazes renascer pela palavra da vida,
derrama sobre mim o teu Espírito Santo,
para que, caminhando na unidade da fé,
mereça chegar, revestido de glória,
à ressurreição eterna e ao convívio dos santos.
Amém.

35
Restaurado pelo Espírito

Deus todo-poderoso,
que restauras todas as coisas
e as conservas restauradas,
renova a graça concedida,
derrama sobre mim
os dons e frutos do teu Espírito,
purificando meu coração e
transformando minha vida.
Amém.

36
Reveste-me, Senhor

Reveste-me, Senhor, com tua graça,
a ti eu quero servir melhor.
Que o teu Espírito em mim se faça,
no teu amor eu possa caminhar.
Busque em minha vida a santidade,
a inspiração no exemplo de Jesus.
Com fé, esperança e caridade,
buscando sempre mais a perfeição.
Assim seja.

37
Santidade e unidade pelo Espírito

Amado Deus,
que a Igreja seja sempre mais aquele povo santo,
reunido na unidade do Pai, do Filho e do Espírito Santo,
e que manifeste ao mundo o mistério da tua santidade e unidade,
levando a todos a perfeição do teu amor.
Amém.

38

Santo Espírito do Senhor (I)

Santo Espírito do Senhor, que eu possa:
ser solidário e praticar a generosidade.
Sendo fraterno e manifestando a ternura.
Ser alegre na esperança e perseverante na
oração,
dedicando-me ao serviço fraterno através do
perdão.
Interessar-me sempre pelo bem,
mantendo a bondade e o amor do Pai.
Manifestar a fé em atos concretos,
permanecendo no ensinamento de Jesus.
Perseverar no amor fraterno,
praticando a misericórdia.
Praticar o bem e buscar a paz,
reavivando o dom de Deus.
Ser generoso e saber repartir,
sendo perfeito em todo bem.

Suportar as provações com paciência,
tendo um pacífico coração.
Ter compaixão e misericórdia,
buscando a santidade em todos meus atos.
Assim seja.

39

Santo Espírito do Senhor (II)

Santo Espírito do Senhor,
ajudai-me a abraçar a cruz de cada dia,
amar a vida e colocá-la a serviço.
Criar laços de comunhão, solidariedade e
fraternidade,
doar-me com disponibilidade,
esforçar-me para viver uma vida nova.
Estender as mãos aos pobres e sofredores,
exercer os ministérios, na partilha dos dons
recebidos,
oferecer louvores, súplicas e ação de graças
pela oração.
Procurar servir e não ser servido,
sentir-me templo e vossa morada,
através do amor e da dedicação.
Semear a verdade, a fé e a esperança,
solidarizar-me com os mais necessitados,

ter mansidão, fome e sede de justiça, pureza
de coração,
e, sobretudo, transmitir o amor ao próximo.
Assim seja.

40
Santo Espírito do Senhor (III)

Senhor, que eu possa:
agir com amor e dedicação,
atuando com disponibilidade.
Transformar o mundo pelo amor,
acolhendo a todos com disponibilidade.
Compartilhar experiências de ternura,
criando laços de fraternidade.
Criar um lar harmonioso,
dinamizando a convivência.
Dedicar tempo e entusiasmo,
doando-me com amizade e ternura.
Estender as mãos aos que precisam,
espalhando a boa semente do conselho.
Engajar-me nas atividades em favor da vida,
fazendo crescer a dedicação.
Servir na fé e na esperança,

solidarizando-me na caridade e compaixão.
Abraçar a missão e o testemunho,
pela alegria, bondade e compreensão.
Vivenciar a harmonia, a paciência e a prudência,
pela simplicidade, sinceridade e solidariedade.
Viver com coragem, firmeza, determinação,
vivendo com gratidão, modéstia e convicção.
Assim seja.

41
Santo Espírito do Senhor (IV)

Na tua graça, Senhor, concede-me:
acolher a Palavra com alegria,
praticando a generosidade, procurando o amor.
Ser perseverante nas tribulações, necessidades e fadigas,
ser perseverante pela paciência e bondade,
sendo zeloso e fervoroso servindo no amor.
Ser alegre na esperança e perseverante na oração,
fazer tudo por causa do Evangelho,
tornando-me servo de todos.
Preocupar-me em fazer o bem a todos,
viver em harmonia, ser solidário e hospitaleiro,
mantendo-me firme na fé e nas tribulações.
Possa viver uma vida digna,

permanecer alicerçado e firme na fé,
procurando as coisas do alto.
Ser agradecido, constante na oração,
ser humilde, amável e paciente,
rezando por todos com alegria.
Amém.

42
Senhor, infunde teu Espírito

Senhor, infunde teu Espírito em nossos corações
para que vivamos com coragem o Evangelho
e ajudemos a reanimar o mundo.
Que teu Espírito nos dê força
para lutar pela verdade, pela justiça e pela paz,
que nos dê luz para compreender e servir,
que nos dê generosidade para amar e ajudar,
que nos dê paciência para saber esperar.
Que teu Espírito anime nossa vida
para que sejamos animadores e animadoras do mundo.
Que saibamos descobrir-te na ciência,
na cultura, no trabalho e na técnica.
Que saibamos ver-te na natureza
e no rosto de nossos semelhantes.

E saibamos ser transparentes para que,
os que nos veem, vejam a ti,
e os que nos amam, amem a ti.
Espírito Santo, nosso grande animador,
iluminai a nossa mente,
habitai o nosso coração,
inspirai os nossos passos,
encorajai as nossas mãos,
sede o elo que une
e a força que nos envia.
Amém.

43
Súplica ao Espírito Santo

Vem, Espírito Santo, Divino Consolador.
Meu coração é impuro, mas podes purificá-lo.
Meu coração é tenebroso, mas podes iluminá-lo.
Meu coração é mau, mas podes saciá-lo de amor.
Meu coração é triste, mas podes consolá-lo.
Meu coração é fraco, mas podeis fortalecê-lo.
Meu coração é frio, mas podeis abrasá-lo.
Meu coração é pecador, mas podes orná-lo de todas as virtudes.
Meu coração é inconstante, mas podes torná-lo perseverante.
Amém.

44
Vem, Espírito Criador

Vem, Espírito Criador,
com teus dons celestiais.
És fonte viva, fogo e amor,
a unção divina e salutar.
És doador dos sete dons,
poder nas mãos do Pai.
Ilumina a minha mente,
meu coração enche de amor.
Encoraja a minha fraqueza,
concede-me a tua paz.
Ao Pai e ao Filho Salvador,
por ti possa conhecer,
que procedes do grande amor,
faze-me sempre crer.
Amém.

45
Vem, Espírito Santo (I)

Vem, Espírito Santo,
e renova toda a face da terra,
enche meu coração, minha mente,
todo o meu ser, com a tua chama de amor.
Arranca de meu coração o egoísmo,
inveja, ódio, falta de perdão e orgulho.
Inunda meu ser com amor, perdão,
humildade.
Derrama teus dons em minha alma,
para crescer sempre mais na perfeição.
Guia-me na santidade,
para que fique puro.
Ilumina a santa Igreja com o dom da
sabedoria,
para guiar, consolar
e conduzir a todos para a vida eterna.
Amém.

46
Vem, Santo Espírito (II)

Vem, Santo Espírito, transforma-nos
e torna-nos portadores de teu amor.
Vida em nossa vida,
lâmpada em nosso caminho.
Fonte em nossa sede,
alimento em nossa fraqueza.
Alívio em nossas dores,
remédio em nossas doenças.
Repouso em nossas fadigas,
alegria em nossas angústias.
Plenitude em nossos vazios,
paz em nossos conflitos.
Resposta em nossas perguntas,
certeza em nossas dúvidas.
Prêmio em nossos combates,
presença em nossos silêncios.

Socorro em nossas tentações,
perdão em nossos pecados.
Fortaleza em nossos medos,
reconciliação em nossas discórdias.
Abertura em nosso fechamento,
segurança em nossa fragilidade.
Coragem em nossa missão,
sopro restaurador em nosso mundo.
Ternura em nossa incapacidade,
ressurreição em nossas esperanças.
Amém.

47
Vinde, Espírito Santo

Vinde, Espírito Santo,
e transformai com vosso amor a criação inteira.
Iluminai nossa caminhada, nossas buscas,
nossos planos e nossas decisões.
Vinde, Espírito Santo,
e derramai sobre nós vossa sabedoria.
Dai a todos os povos, raças e nações,
o dom da sabedoria.
Vinde, Espírito Santo,
e derramai sobre nós a força da união.
Afastai de nós a solidão,
curai o nosso egoísmo.
Vinde, Espírito Santo,
e derramai sobre nós a alegria.
Sarai os corações doloridos;

enchei de sentido as lutas
e sofrimentos vividos na fé.
Vinde, Espírito Santo,
e derramai vossa força renovadora.
Renovai nossos corações,
transformai nossas palavras,
em gestos e atitudes de solidariedade.
Vinde, Espírito Santo,
e inspirai-nos para que, como profetas,
anunciemos e testemunhemos nossa fé.
Amém.

Referências

Bíblia Sagrada – Edição Pastoral. São Paulo: Paulinas, 1991.

Catecismo da Igreja Católica. Petrópolis/São Paulo: Vozes/Loyola, 1993.

Liturgia das Horas. 4 vols. Petrópolis/São Paulo: Vozes/Paulinas/Paulus/Ave Maria, 1995.

Missal romano. São Paulo/Petrópolis: Paulinas/Vozes, 1992.

Conecte-se conosco:

- **f** facebook.com/editoravozes
- ⊙ @editoravozes
- 𝕏 @editora_vozes
- ▶ youtube.com/editoravozes
- ⊙ +55 24 2233-9033

www.vozes.com.br

Conheça nossas lojas:
www.livrariavozes.com.br

Belo Horizonte – Brasília – Campinas – Cuiabá – Curitiba
Fortaleza – Juiz de Fora – Petrópolis – Recife – São Paulo

EDITORA VOZES LTDA.
Rua Frei Luís, 100 – Centro – Cep 25689-900 – Petrópolis, RJ
Tel.: (24) 2233-9000 – E-mail: vendas@vozes.com.br